CONTRE LES JÉSUITES.

PARIS.—IMPRIMERIE DE FAIN,
rue Racine, n°. 4, place de l'Odéon.

D. de Reynaud, Cte de Montlosier

LETTRE D'ACCUSATION

CONTRE LES JÉSUITES,

A M. LE PROCUREUR GÉNÉRAL,

A MONSIEUR LE PREMIER PRÉSIDENT, A MM. LES
PRÉSIDENS, LES CONSEILLERS, MEMBRES DE
LA CHAMBRE D'ACCUSATION, A TOUS
MM LES CONSEILLERS A LA
COUR ROYALE DE PARIS,

PAR M. LE COMTE

DE MONTLOSIER ;

PRÉCÉDÉE

D'une Notice Biographique

sur l'auteur du Mémoire à consulter

PARIS.

BAUDOUIN FRÈRES, ÉDITEURS,
Rue de Vaugirard, n° 17.

AMBROISE DUPONT ET COMPAGNIE,
Rue Vivienne, n°. 16

1826

NOTICE

BIOGRAPHIQUE

SUR

M. LE COMTE DE MONTLOSIER.

M. LE COMTE DE MONTLOSIER (FRAN-ÇOIS-DOMINIQUE DE REYNAUD), né 'dans la ci-devant province d'Auvergne, a Clermont, le 16 avril 1755, fut nommé député aux etats-généraux en 1789, par la noblesse réunie à Riom. Jusqu'aux évenemens des 5 et 6 octobre, il ne se fit point remarquer. A cette epoque, on le vit s'elever avec force contre ce qu'il appelait des insultes faites a l'assemblee nationale, dans la personne de quelques deputes que le peuple ne regardait pas comme les défenseurs de ses droits, et demanda des mesures répressives à cet égard Dévoué aux anciennes prérogatives de son ordre, il les soutint quelquefois de manière a indisposer plusieurs de ceux qui, partageant ses opinions, craignaient que l'excès de son zèle et la chaleur de ses expressions ne devinssent plus nuisibles qu'utiles C'est le caractère particulier de tous les partis de renfermer un grand nombre d'hommes dont la moderation n'est que l'absence du courage, et dont la prudente pusillanimité, en condamnant les hommes énergiques qu'ils sont toujours sur le point d'abandonner au premier signal du péril, font plus de mal a leur cause que ses ennemis declarés Il est pourtant vrai qu'on aurait pu dire alors a M. de Montlosier, qu'il aimait trop la noblesse. Cependant, dans certaines occasions, il ne craignait pas d'employer des argumens que les partisans de l'egalité n'auraient pas désavoués, c'est ainsi qu'il repoussa la denomination de citoyen actif, parce qu'elle supposait des citoyens passifs. M. de Montlosier, comme on le voit, avait sur l'egalité des principes plus liberaux que ceux des ministres qui ont si cruellement mutilé les droits de tous On aurait pu s'entendre avec un aristocrate qui ne voulait point de prolétaires en France. Après ou avant la noblesse (j'ose hasarder ce doute, sans vouloir offenser un sujet si fidèle), mais passionne pour son ordre, la dynastie et la royaute obtenaient un culte religieux dans le cœur de M de Montlosier. Aussi, defendit-il, dans la seance du 18 mai, la memoire de Henri IV dont on avait rappele les faiblesses en pleine tribune; il soutint

qu'on ne pouvait parler publiquement de ces
sortes de choses sans jeter de la defaveur sur
la cause des rois C'était pousser un peu loin
le dévouement au trône, que d'entreprendre
ainsi sur les droits sacrés de la vérité. Dans la
même séance, M. de Montlosier vota pour
que le droit de paix et de guerre fût défére
au roi ; à cette occasion, il fit un grand éloge
de la noblesse, après s'être plaint des per-
sécutions qu'elle éprouvait. Athlète infa-
tigable et toujours prêt, il soutint les priviléges et l'autorité de la couronne, dont les
biens, selon lui, ne pouvaient être aliénes
même dans les circonstances où l'état éprou-
verait des besoins pressans, il voulait préserver les rois, sous ce rapport, des elans de
leur génerosité, en leur interdisant d'impru-
dens sacrifices. Par suite de ce dévouement
sans bornes qui le caractérise, il demanda la
plus grande liberté pour la famille royale dans

le choix de sa résidence. Afin d'empêcher , di
sait-il, ceux qui avaient renversé le despotisme
d'en recueillir les debris , il vota contre la
1 éélection des députés constituans à la légis-
lature. Après avoir soutenu que les biens
ecclésiastiques n'appartenaient pas à la nation,
il finit cependant par convenir qu'elle pouvait
en disposer. Sur cette question voici ses
principes ; on y reconnaît toujours le même
homme Le souverain ne peut pas disposer
des biens qui sont la propriété d'un établisse-
ment , mais il peut changer, modifier, suppri-
mer cet établissement , dans ce cas, les
biens tombent en déshérence et reviennent
au souverain. C'est ainsi que les souverains
disposent en plusieurs cas des biens d'ordres
religieux supprimés. Par la faute ou par le
fait de Louis XVI , l'assemblee nationale de
1789 s'étant associée au souverain, devait-elle
s'emparer des biens du clergé ? Non. Le pou-

vait-elle? Oui, mais seulement en supprimant les etablissemens à qui ces biens appartenaient.

M. de Montlosier etait toujours lui et jamais modifie par les autres, ne parlait d'après l'inspiration de personne. Ses discours indépendans comme sa peusée, sans aucuns déguisemens, comme son cœur, excitèrent souvent des désordres dans l'assemblée, par une franchise et une sorte de rudesse, qui soulevaient le côté gauche et choquaient souvent le côté droit : tant il est difficile dans les assemblées politiques de servir même ses amis à leur gré, quand on ne se plie pas à toutes leurs faiblesses. Ces qualités, que tant de gens interessés à les blâmer, appellent des défauts, n'ont fait que croître avec l'âge dans M. de Montlosier, elles ont conservé à son talent la mâle vigueur de son caractere, dans un moment où tant de physionomies sont

rffacées comme l'empreinte d'une monnaie
qui a passé par toutes les mains.

Après la session de l'assemblée constituan-
te , M. de Montlosier quitta la France. Comme il avait des principes fixes , il ne fut pas
toujours d'accord en pays etranger avec les
royalistes , dont il partageait la destinee De
ce dissentiment d'opinion naquirent quelquefois des altercations assez vives. D'autres
avaient pris le titre d'émigré en sortant de
France , lui dût le conquérir l'epée à la main
Une extrême intolérance politique régnait à
Coblentz et dans tous les asiles de l'émigration,
on sent combien l'homme qui avait osé tout
dire à la tribune et en face du peuple , était
peu propre à déguiser ses pensées en quelque
circonstance que ce pût être : cette indépendance inusitée dans les cours, finit par lui
nuire beaucoup , comme il l'avoue lui-même
avec sa candeur accoutumée. Nous l'avons

ouï dire, au sujet de sa défaveur auprès de
émigres et des princes, que, quand il se pro
posa pour aller à la Vendée avec mille lou
et quatre gentilshommes à ses frais, on re
poussa ses offres de service. En recherchan
la cause de ce singulier refus, il apprit qu'ell
était dans ses opinions prétendues monarchien
nés (1). On craignait sincèrement et sérieuse
ment qu'il ne portât à la Vendée le régime con
stitutionnel et le système des deux chambres

Cependant le dévouement de **M.** de Mont
losier était si connu, qu'il fut, conjointemen
avec le prince d'Aremberg et **M.** Pillène
l'un de commissaires nommés pour exciter
en 1794, les habitans des **Pays-Bas** à prendr
les armes contre la **France.** Ensuite il pass

(1) **Cette** épithète était celle dont les homm
monarchiques, c'est-à-dire les partisans du pou
voir absolu, se servaient pour désigner les opi
nions constitutionnelles

en Angleterre avec M. de Mercy, qui mourut dans le cours de ses négociations. M. de Montlosier prit la rédaction du journal français intitulé *le Courrier de Londres* dont il devint propriétaire. En 1800, on le chargea d'une mission en France, dont l'objet était, dit-on, de proposer au premier consul Bonaparte une souveraineté en Italie, s'il voulait consentir au rétablissement de la famille des Bourbons. Malgré les passe-ports dont le négociateur était muni, il fut arrêté à Calais, conduit à Paris et enfermé au Temple, dont il sortit après une détention de trente-six heures En lui faisant obtenir sa liberté, le ministre de la police, Fouché, depuis duc d'Otrante, l'avertit que son arrestation n'avait eu lieu que par suite d'une méprise, cependant il lui défendit de remplir sa mission et ne lui donna que dix jours pour retourner en Angleterre

M de Montlosier eut toutefois, pendant ce temps, des conferences secrètes avec le ministre des affaires etrangères, qui lui fit connaître confidentiellement l'intention qu'avait le premier consul Bonaparte de rétablir l'ancienne eglise de France, de faire rentrer les emigres, et de les remettre en possession de leurs biens non vendus. Ces confidences eurent pour objet, sans doute, de fournir quelques materiaux aux écrits de M. de Montlosier, qui jusqu'alors avait ete bien eloigné de se montrer, dans son journal, favorable au chef de l'etat, mais depuis, il parla souvent des bonnes intentions du premier consul, ce qui donna nécessairement *au Courrier de Londres* une autre physionomie.

On a prétendu que ce changement avait indisposé le gouvernement anglais au point de le porter à priver l'auteur de l'appui qu'il lui avait accordé jusqu'alors, cette anecdote

n'a aucune espèce de fondement Le gouvernement anglais n'accorda jamais a M. de Mont
losier d'autre protection que la liberté de
respirer l'air et d'habiter le sol de la Grande
Bretagne Le gouvernement anglais se mon
tra très-genereux envers les Français, mais
l'auteur n'a demandé et reçu aucune espèce
de faveur et de protection à Londres.

Dans la même annee 1800, M. de Montlosier fut rappele en France par les ministres
de la police et des affaires etrangères Il se
rendit a Paris, où d'abord il continua le
Courrier de Londres, que le premier consul
supprima trois mois apres M. de Montlosier
obtint, a titre d'indemnite, une place qui
l'attachait au ministère des affaires etrangeres.
Dans la suite, Napoleon, devenu empereur,
chargea cet ecrivain de composer un ouvrage
sur l'ancienne monarchie, dans lequel se-
raient indiques, d'une part, les causes qui

avaient pu amener la revolution, et de l'autre, les tentatives employees pour la combattre, et enfin la manière dont elle devait être terminee. Ce travail occupa M. de Montlosier pendant quatre ans; il etait en Suisse lorsqu'il envoya le manuscrit a l'empereur, qui, suivant un biographe, ne se souvint plus de l'avoir demandé, bien que cette assertion contraste singulierement avec l'etonnante memoire qu'on accordait generalement a Napoléon. L'ouvrage, examiné par une commission, fut jugé digne d'eloges, mais on decida qu'il ne serait pas imprime, cependant, l'empereur fit donner l'ordre à M de Montlosier de rentrer immédiatement en France, et de se preparer à lui écrire directement sur les affaires politiques. Cette correspondance, qui ne cessa que vers la fin de 1812, dura quinze mois M. de Montlosier n'avait accepté cette charge que temporairement, ce fut lui-même qui l'abdiqua, au grand mécontentement de Napoléon, qui, d'abord très-courroucé au premier moment, voulut bien ensuite consentir au voyage de l'auteur en Italie. Il était prêt à partir sur une charrette qu'il avait composée exprès, et menée par un seul cheval du prix de cent francs, lorsque M. de Bassano demanda de lui-même et obtint du gouvernement tout ce qui pouvait favoriser ce voyage.

De retour en France, après la première restauration en 1814, M. de Montlosier publia son ouvrage intitulé *De la Monarchie française*, auquel il n'avait point fait de changement, mais seulement ajouté une notice sur la chute de Napoléon, et sur les causes de cet événement d'une si haute importance dans l'ordre politique. L'ouvrage n'avait alors que trois volumes, l'auteur se proposait d'en publier un quatrième sous peu de temps, mais comme ce nouveau travail, qui ne put paraître que pendant les cent jours, en 1815, contenait une censure assez sevère des opera tions du gouvernement depuis la restauration, M. de Montlosier, craignant qu'on ne le crût compose dans l'intérêt de Napoleon, mit en tête du volume une préface destinee a produire un effet contraire Enfin, au mois de janvier 1816, après tant de travaux, de vicissitudes, M. de Montlosier fut autorise par le president du conseil des ministres à se retirer à Clermont, son pays natal

La vie publique de M de Montlosier, si l'on voulait en retrancher la mission qu'il s'est donnee à lui comme ecrivain politique, ne serait pas très-remarquable. Les fonctions qu'il a remplies n'ont pas, comme on vient de le voir, une haute importance, mais ses ouvrages en font un homme a part, dont la royaute ne saurait meconnaître le zèle et les services, sans se rendre coupable d'ingratitude, et que la liberté, qui ne partage pas toutes ses opinions, ne doit pas exclure du noble rang de ses défenseurs. M. de Montlosier nous semble attaché à certaines doctrines, à certains priviléges qu'elle repousse, mais il l'aime, et il est digne de la servir. Il a les premières qualités qu'elle demande dans ses defenseurs. l'enthousiasme, la constance, l'audace et une génereuse indépendance unie à cette horreur de la flatterie qui portait Callisthenes a dire au tyran Denis : « Qu'on me ramène aux carrières » Ensuite il sait se dévouer pour la cause qu'il embrasse et affronter pour elle une chose pire que la mort, la calomnie inventee par le parti que l'on combat, et propagee même par le parti qu'on sert, et qui, vous immolant sans pitié à ses soupçons, à ses ombrages, a ses injustes defiances, érige surtout en crime votre impatience du joug de son despotisme M. de Montlosier a supporté sans faiblesse les diverses reputations qu'on lui a faites dans les partis opposés, depuis celle de sorcier jusqu'à celle de voleur de grands chemins, depuis celle de mangeur d'enfans jusqu'à celle d'homme vendu à Bonaparte, a M. de Talleyrand, a M. de Cases. Il a encore obtenu de la grâce de ces ennemis qui l'avaient déjà environné de tant de calomnies, plusieurs autres titres à la haine des divers partis. On l'accusait tour à tour d'avoir eté president du club des Feuillans a Paris, d'être monarchien a Coblentz, democrate à Londres, feodal et aristocrate sous le Directoire, bourbonien enrage sous Napoléon, et cependant auteur de l'*Argus*, journal écrit sous la direction impériale, et auquel il n'a jamais participé Chose doublement remarquable, M de Montlosier, toujours fort du témoignage de sa conscience, et toujours soutenu par son caractère, a expié toutes ces réputations factices et mensongères comme s'il les eût méritées! Ainsi, tandis que sa réputation de démocrate prevalait à Londres et repoussait de lui toutes les faveurs du gouvernement, sa reputation de royaliste et de partisan de la noblesse lui portait prejudice auprès du Directoire et des consuls, et faisait rejeter la demande de sa radiation proposée par ses amis; ainsi, il a eté raye de la liste des conseillers de l'université, attendu l'excès de son devouement à la dynastie, repousse par les Bourbons a leur entrée en France, attendu son attachement pour Bonaparte Il restait à M. de Montlosier, a raison de son *ancienne croix de bois*, un peu de réputation religieuse, on sait comme il vient de la perdre avec son *Memoire à consulter*, et certes les nouvelles émanations de la colère et de la vengeance ne lui sont pas epargnees Il est maudit de tous côtes par de moins croyans que lui peut-être, par des hommes furieux de se voir demasques, ou par des adversaires aveugles et trompes Les choses en sont au point qu'averti de la defense que l'évêque du departement a faite au cure de sa paroisse, il est occupe en ce moment a prendre des arrangemens pour qu'en cas de décès, ses derniers momens et sa sepulture aient lieu hors de l'Église sans scandale.

Voila de quel prix un homme de bien a paye le courage de la verité, le devouement a son prince, et la vertueuse résolution de consacrer les derniers momens d'une vie si pleine de traverses, a préserver le trône et la France des dangers de l'influence d'un ordre condamne par nos parlemens, expulse par nos rois et par les autres princes de l'Europe, detruit par un sage pontife, et qui, relevant la tête avec une insolente audace, vient exciter le reste du clerge à ressaisir les doctrines de la souveraineté de Rome, que l'on veut mettre au dessus de toutes les souverainetés, au risque de bouleverser les empires.

M de Montlosier a publie un grand nombre d'ouvrages, dont voici la liste :

1° *Essai sur la théorie des volcans d'Auvergne.* 1786. In-8.

2° *Observations sur l'adresse à l'ordre de la noblesse*, par M. le comte d'Entraigues.

3° *Observations sur les assignats*, 1790. In-8

4°. *Essai sur l'art de constituer les peuples*, ou Examen des operations constitutionnelles de l'Assemblée nationale de France. 1791 In 8.

5°. *Grand Discours* que prononcèrent les commissaires de l'Assemblee nationale au

Roi , en lui presentant la grande Charte, et ·Reponse du Roi aux commissaires , ainsi qu'il est presumé 1791. In-8

6°. *Opinion sur le nouveau serment de mande à l'armee* 1791. In-8

7°. *De la necessite d'une contre revolution* 1791. In-8.

8° *Lettre* adressée à M Malouet , à Londres , sous ce titre : *Des effets de la violence et de la moderation dans les affaires de France.*

9°. *Vues sommaires sur les moyens de paix pour la France, pour l Europe, pour les emigres* 1796 In-8. Londres.

10° *Observations sur le projet du Code civil* 1801 In-12, Londres.

11° *De la Monarchie française depuis son etablissement jusqu'à nos jours* 1814 3 vol in 8

12°. *De la Monarchie française depuis le retour de la maison de Bourbon* jusqu'au 1er avril 1816 In-8° 1815 , 1817.

13°. *Quelques vues sur l'objet de la guerre*, et sur les moyens de terminer la révolution. 1815. In-8

14°. *Des désordres actuels de la France*, et des moyens d'y remedier. 1815 In-8.

15°. *De la Monarchie française depuis la seconde restauration jusqu'à la fin de la session de* 1816, avec un Supplement sur la session actuelle Paris , 1818 In-8.

On a reproché à M de Montlosier la predilection pour les institutions féodales qui perce dans tous ses ouvrages, il se defend de ce reproche en alleguant les erreurs repandues sur nos anciens temps , la diffamation des mœurs d'autrefois , de laquelle on faisait sortir , en faveur de la révolution , la diffamation de tous les hommes , de toutes

les choses, de toutes les institutions mo-
dernes Il serait difficile a l'auteur de
repondre aux graves objections que meritait
l'ancien régime, en **France** comme en
Europe ; il lui serait impossible de nier que
la noblesse et le clergé n'eussent tenu les
rois et les peuples dans un indigne esclavage, dont les premiers ne sont sortis qu'en
tendant la main aux seconds, mais la vérite,
qui est bonne a défendre partout, la verite
qui est surtout un des grands besoins des
societés occupées à fonder leurs nouvelles des-
tinées, doit applaudir à un descendant des
preux qui s'est constitué le défenseur de la
vieille France, qu'il faut réunir avec l'ancienne pour elever un monument durable.

Le plus important des ouvrages de l'auteur
est celui qu'il entreprit sur les ordres de
Napoléon, transmis par M. de Talleyrand,
et qui a pour titre : *De la Monarchie fran-*

çaise. On savait, depuis un certain temps, que M de Montlosier avait fait de grandes recherches sur notre histoire Tous les bibliothecaires, a Clermont, a Paris, a Bruxelles, à Francfort, à Londres, avaient remarque ses laborieuses recherches de documens sur ce sujet. Quelquefois même ils avaient paru impatientés de l'ardeur de sa persévérance a interroger les sources de l'instruction positive.

M de Montlosier a consacre vingt-cinq ans d'application, de méditations et de travaux, a resserrer en moins de trois volumes les antiquités de la monarchie française. Ses efforts n'ont point eté steriles : avant lui il n'y avait eu chez nous aucun ecrivain profondément instruit sur une matière qui touche à tous nos interéts de peuple. L'illustre Montesquieu avait pris l'ordre des antrustions pour un ordre de noblesse, il avait cru

que se *recommander* voulait dire se re
commander pour un fief. Il n'avait rien
connu, ni sur la loi salique , ni sur les
causes qui avaient fait passer la monarchie de
l'election à l'heredité. M. de Boulainvilliers ,
M. l'abbe Dubost , M de Mably , avaient
rempli leurs ouvrages de fautes et de me-
prises , en genéral , l'ignorance etait telle en
France sur notre histoire , que quand M. de
Montlosier arriva aux etats-genéraux , l'ordre de la noblesse croyait de bonne foi repré-
senter les *proceres* et les *magnates* des deux
premières races. Personne ne soupçonnait
qu'il y eût une difference entre le régime
feodal et celui des seigneuries. La plus grande
partie de la France croyait alors , et croit
peut-être encore , qu'il y avait eu un peuple
vainqueur qui avait réduit le peuple vaincu
en esclavage. Il n'est pas jusqu'à M. Guizot
qui n'ait repete et fait triompher cette sin-

gulie.e asseition On croyait de même que les justices particulieres etoient une usurpation sur les rois , et , pendant trois cents ans , on a debite regulièrement le jour de la Saint-Louis , dans tous les sermons d'usage , que ce prince rerdait , comme roi , la justice sous un chéne dans les bois de Vincennes.

Au milieu de toutes ces erieurs de divers genres , l'ouvrage de la *Monarchie fi ançaise* , devait eveiller la curiosite publique , cependant il n'a produit presque aucune impiession. Deux causes particulières ont determine cette defaveur. D un côte, on avait repandu dans toute la France , que l'auteui faisait aux affaires etrangères le journal intitule l'*Argus*, ce qui avait jeté sur son caractère une espèce de flétiissure , de l'autre , on avait iepandu, et surtout transmis a Louis XVIII, ainsi qu'aux princes français, que l'ancien defenseur de la cause royale etait vendu à la

personne de Buonaparte Grâces a ces imputa-
tations mensongères, et plus encore a cause
de son attachement connu aux anciennes li-
bertes françaises, M de Montlosier était alors
en detestation à cette portion du parti royaliste qui etait prédominante, en même temps,
comme on le savait oppose aux pretentions
excessives que manifestaient dejà les prêtres,
il se trouvait en etat de reprobation complète
dans son propre parti, où il y a des exclusifs et
des catégories. Enfin, comme du côte des
libéraux, il etait encore en guerre avec les
ecrits et les auteurs de la classe moyenne, qu'il
accusait d'étre enivres des maximes de l'égallte,
somme si cette égalité n'etait pas la juste
conquête de tous, il se trouvait en butte aux
differens partis.

L'ouvrage de M. de Montlosier ne pouvait guere obtenir de succès parmi nous, on
vient d'en voir les raisons, mais nos pré-

ventions ne le poursuivirent pas dans l'e-
tranger, à Vienne, en Prusse, dans toute
l'Allemagne, il fut accueilli avec la plus
grande faveur Quand M. de Montlosier parut
a l'université de Gœttingue, le conservateur de
la Bibliothéque, assiste de ses collègues, vint
au devant de lui et le reçut de la manière la
plus honorable, en lui montrant la *Monarchie française* comme un livre marqué au
sceau de l'estime publique. L'auteur anglais
de l'*Histoire du Moyen âge* voulut également
lui accorder son suffrage Pendant que M. de
Montlosier recevait ces tributs au dehors, il
continuait à rester sous le coup d'une grande
injustice dans sa patrie; quelques personnes
seulement honoraient a la fois en lui le mérite
d'un écrivain et le caractère d'un Français.
Sa réputation était obscurcie par des nuages
assez sombres, elle devait les dissiper au
moment où la noblesse de son caractère,

3'

l'indépendance de sa plume, et l'audace de son courage apparaîtraient tout à coup au grand jour, du sein d'une retraite où l'on ne pourrait plus voir en lui que l'homme qui s'appartient à lui-même, qui ne reçoit les ordres de personne, et ne rompt le silence de son obscurité que par la volonté de sa conscience également alarmée des dangers du trône et de la patrie. L'exil volontaire de M. de Montlosier dans le désert de Randan, a commencé par attirer sur lui des regards favorables ; quelques articles d'un genre qu'on appelle indépendant, insérés dans une feuille publique, ont produit une heureuse impression sur le public. Il a vu avec plaisir que le vieil athlète n'avait pas déposé les armes, et que le seul nom de France faisait encore bouillir dans ses veines un sang généreux ; l'opinion est venue le rechercher avec bienveillance dans son asile, au milieu de ses champs qu'il feconde, et de sa famille qu'il rend heureuse par des mœurs patriarchales. Enfin, le *Memoire à consulter* a vu la lumière, et toute la France empressée de le lire, en a remercié l'auteur comme d'un service national. Il ne manquait à M. de Montlosier que de perdre, dans sa vieillesse, le fruit de quarante ans de travaux, et l'indemnité legitime d'une propriété; il a obtenu cet honneur. C'est sous les auspices de l'estime et de la reconnaissance attachee à une telle carrière et à de tels travaux, qu'il se présente de nouveau dans la lice pour combattre des ennemis puissans, accrédités, qui ne méditent pas moins que d'asservir le roi, la France, l'Europe même, tant le delire de leur ambition a d'audace, et de fonder de nouveau la puissance de Rome sur l'esclavage universel! Gloire au vieillard qui achève sa carrière comme d'autres la commencent dans l'âge de l'audace et des grandes espérances ! gloire au vrai Français pour qui l'amour de son pays semble renouveler les forces, redoubler le courage, accroître le talent, et créer une brillante renommee à l'epoque de decadence où tant d'autres voient s'eteindre celle qu'ils avaient acquise !   F. P

P. S. Nous ne croyons pouvoir mieux répondre aux calomniateurs d'un citoyen également digne de l'estime publique et par son courage et par ses talens, qu'en citant ce fragment d'un article inséré il y a deux ans dans le *Journal des Debats*, et que nous devons à la plume élégante et facile de M. AIME MARTIN. L'apologie de M. le comte de Montlosier est dans ses ouvrages, elle est aussi dans le bien qu'il a fait aux pauvres paysans d'Auvergne.

« Il y a peu de mois, dit M. Aimé Martin, en parcourant la France, j'ai vu avec une extrême surprise ce que la volonté d'un homme supérieur peut obtenir de la nature la plus ingrate. Après avoir visité notre belle Limagne, et reçu les instructions du savant et respectable abbé Lacoste, qui a recueilli dans son cabinet toutes les richesses minéralogiques de l'Auvergne, je me rendais par les chemins de traverse de Clermont au Mont-d'Or, lorsque je me trouvai dans un lieu desert, sans culture, sans ombre, sans troupeaux, et situé à plus de huit cents toises au dessus du niveau de la mer. En traversant cette solitude, je découvris tout à coup des plantations protégées avec art par des rochers, et un chemin, tracé au milieu des broussailles, me conduisit jusqu'au *Puy-de-la-Vache*, ancien volcan que je désirais visiter. A mesure que j'avançais,

la contrée devenait moins sauvage ; je voyais
partout des champs de seigle , des avenues
d'acacias , des prairies artificielles , et dans
le lointain , sur le penchant des montagnes,
de nombreux troupeaux de vaches et de
brebis. Enfin la campague s'embellissait ,
se peuplait , s'ombrageait ; l'aridité avait dis-
paru , et mon guide ne cessait de s'écrier,
en parlant du propriétaire de cette contrée

« Le brave homme ! il fait vivre tous les
paysans ! Voyez comme la terre est couverte
de biens ! »

« J'appris alors que j'étais sur la propriété
de M. le comte de Montlosier, si connu par
des ouvrages politiques et d'histoire natu-
relle (1) J'avais souvent rencontré M de Mont-

(1) M. le comte de Montlosier a publié dans le
temps un *Essai sur les volcans d'Auvergne*, que
les savans de tous les pays ont placé dans leurs
bibliothèques. Nous pouvons annoncer que ce livre

losier dans la société, et je voulus lui faire
une visite.

— Mon guide me conduisit aussitôt à la
porte d'une ferme, environnée de vastes
écuries. Je traversai une chambre pleine de
livres, où, parmi une foule d'ouvrages d'a-
griculture, je remarquai quelques volumes
du *Dictionnaire classique d'Histoire natu-
relle* (1).

n'a été que le germe d'un travail plus important
auquel s'est livré depuis plus de vingt ans M. le
comte de Montlosier. Des voyages faits a Naples,
en Sicile, en Europe et dans quelques contrées du
Nord, ont mis M. le comte de Montlosier a portée
de comparer les phénomènes volcaniques d'un pays
avec ceux d'un autre, et d'en donner une histoire
aussi savante que curieuse. L'ouvrage pourra
former trois volumes in-8. avec un Atlas, et sera
mis sous presse après la publication *des Mystères
de la vie humaine.*

(1) Par MM. Audouin, Isid. Bourdon, Ad. Brong-
nait, De Candolle, d'Audebard de Ferussac,

« Instruit de ma visite, M. de Montlosier vint au-devant de moi, et m'introduisit dans l'appartement d'un fermier, avec toute la politesse d'un grand seigneur. Le dejeûner était servi il y avait sur la table un potage, du pain noir, du bœuf et du beurre frais. M. de Montlosier voulut bien y joindre encore du café, puis il me raconta que ses pro-

Deshayes, A. Desmoulins, Diapiez, Dumas, Edwards, Flourens, Geoffroy de Saint-Hilaire, Guérin, Guillemin, A. de Jussieu, Kunth, G de Lafosse, Lamouroux, Latreille, C Prévost, A. Richard, Bory de Saint-Vincent

Cet important ouvrage sera composé de 15 volumes in-8., et d'un Atlas de 150 planches qui paraissent par livraisons de dix

Tous les quatre mois, il paraît une livraison composée d'un volume et d'un cahier de planches.

Les neuf premiers volumes sont en vente.

Le prix de chaque livraison est, en couleur, de   14 fr

En noir, de   12 fr

prietes avaient été vendues dans le cours de la revolution, a l'exception de deux ou trois montagnes qui n'avaient fait envie à personne, et dont, au retour du roi, il avait repris possession dans le dessein de s'y établir. Il fallait lutter contre le climat, la neige, le vent et l'aridité. D'abord, me dit M. de Montlosier, je me suis fait berger, et j'ai elevé auprès de ma bergerie, une cabane de chaume de dix pieds carrés. Là, j'ai habité quatre ans avec mon fils et son precepteur, m'occupant a planter des bois, à semer des prairies, a recueillir des engrais. Mais bientôt l'ambition me prit, et après avoir eté berger je voulus devenir cultivateur. Je fis donc bâtir une vaste etable ; j'accrus le nombre de mes troupeaux, dont je partageai l'habitation, ce qui me fit trouver l'hiver beaucoup moins rude, car la cabane du gardeur de brebis laissait pénétrer de toutes parts la neige et le vent. Alors je commençai à labourer mes champs, à bonifier mes prairies; je plantai des pommes-de-terre, je semai du seigle, du trefle, et tout réussit, tout prospéra. M. Lainé, ministre de l'intérieur, entendit parler de mes essais, et vint à mon secours en m'envoyant une charrue a defricher. Je me fis laboureur et je voulus avoir une maison de fermier. Vous la voyez, ajouta-t-il, en me montrant la piece où nous étions, qui etait effectivement d'une simplicité rustique, mais qui avait à mes yeux quelque chose de plus brillant que les marbres de nos palais J'espère bien, ajouta en riant M. de Montlosier, ne pas rester en si beau chemin, et si vous revenez dans quelques années, les benefices de l'agriculteur auront replace le proprietaire dans son château. »

« Voila ce que peut une foi te volonte unie à beaucoup d'instruction. Vingt proprietaires comme M. de Montlosier feraient plus de bien à la France que tous les ambitieux qui ont prétendu la régénérer ne lui ont fait de mal. Dejà les champs voisins de celui qu'il vient de créer sont soumis a la culture : les paysans, témoins de ses succès, cherchent à l'imiter ; les methodes nouvelles se propagent les plantes nouvellss se multiplient, et cinq ou six montagnes, abandonnees depuis le commencement du monde, vont enrichir une population qui jusque-là n avait connu que la misère.

« Un si bel exemple restera-t-il sans imitateurs ? combien de familles pauvres, dans nos villes, pourraient vivre richement à la campagne ! Je connais telle contree dans le Poitou et dans la Bretagne, où l'on est haut et puissant seigneur, où l'on jouit de tout en abondance avec deux mille francs de rentes. Il n'en faut guère plus pour devenir le bien faiteur de son pays ; car la culture des terres et des troupeaux n'enrichit pas seulement les propriétaires, mais la contrée elle-même. Enfin, il est des rois qui n'ont pas laissé d'autre gloire, et dont le souvenir est honoré des peuples. L'Espagne bénit encore la mémoire de don Pédro IV de Castille, et l'Angleterre celle d'Édouard IV, parce que ces princes donnèrent à leur pays les beaux troupeaux qui en font la principale richesse. On est puissamment remué en songeant que la culture d'une plante peut changer la face des empires. »

LETTRE D'ACCUSATION

CONTRE LES JÉSUITES.

LETTRE D'ACCUSATION

CONTRE LES JÉSUITES,

A M. LE PROCUREUR GÉNÉRAL,

A MONSIEUR
LE PREMIER PRÉSIDENT,

A MM. LES PRÉSIDENS, LES CONSEILLERS, MEMBRES DE LA CHAMBRE D'ACCUSATION, A TOUS MM. LES CONSEILLERS DE LA COUR ROYALE DE PARIS

Ce seizième jour du mois de juillet dix-huit cent vingt-six, je soussigné, François - Dominique de Reynaud, comte de Montlosier, anciennement député de la noblesse d'Auvergne aux

États-Généraux de 1789, attaché pendant vingt-cinq ans au ministère des affaires étrangeres, dont je viens d'être récemment congédié, informé de différens faits graves commis en infraction des lois de l'État contre la sûreté du Roi, la prosperité de la religion, la tranquillité publique et l'ordre social, par différens personnages dont un grand nombre sont plus ou moins elevés en dignités et recommandables par leur talent et leur caractère, et désirant, en ma qualité de chrétien, de citoyen, de gentilhomme et d'ancien serviteur du Roi et de la royauté, donner connaissance à l'autorité publique de ces delits dont plusieurs me paraissent avoir le caractère de crimes de lèse-majesté; après avoir conféré sur ce point avec un grand nombre de mes amis distingués par leur instruction, leurs sentimens religieux et leurs vertus, et d'après l'avis d'un grand nombre de jurisconsultes de cette capitale, réunis en plusieurs séances successives au nombre de quarante-cinq, de soixante, de quatre-vingts, à l'effet de délibérer sur le *Mémoire à consulter*, qui leur a été soumis relativement à un système religieux et politique tendant à renverser la religion, la société et le trône; système résultant des quatre fléaux suivans : 1°. un ensemble de congrégations religieuses et politiques répandues dans toute la

France , 2°. divers établissemens de la société odieuse et prohibée des jésuites ; 3°. la profession patente ou plus ou moins dissimulée de l'ultramontanisme ; 4°. l'esprit d'envahissement des piétres résultant de leurs empiètemens continuels sur l'autorité civile, ainsi que d'une multitude d'actes arbitraires et tyranniques exercés sur les fidèles : lesquels avocats ou jurisconsultes ont tous été unanimement d'avis que j'avais non-seulement le droit légal, mais encore, à cause de ma position, le devoir rigoureux de dévoiler et de dénoncer à l'autorité publique lesdits délits comme attentatoires à la religion, à la sûreté du Roi et de l'État; AI RÉSOLU , par acte de ce jour déposé doublement, savoir au greffe pour l'information de M. le premier président et celle de MM. les présidens et de MM. les conseillers de ladite Cour, au parquet pour l'information de M. le procureur général, de dénoncer juridiquement et donner connaissance à l'autorité publique, c'est à savoir :

1° De l'existence de plusieurs affiliations ou réunions illicites de diverses espèces, connues sous le nom générique de *congrégation*, parmi lesquelles quelques-unes, ayant pour objet apparent des exercices de piété, d'autres celui de propager la foi chrétienne dans les contrées étrangères, d'autres celui de répandre la morale et la religion dans certaines classes inférieures de la société, paraissent toutes liées par le même esprit, et sous une direction centrale, tendent ainsi à raison d'engagemens divers, de promesses, de serment ou de vœu, à se composer dans l'État une influence particulière, au moyen de laquelle elles esperent maîtriser l'administration, le ministère et le gouvernement. Sur toutes ces réunions, à l'égard desquelles j'ai reçu à diverses reprises et de diverses personnes des révélations particulières, j'offre non-seulement mon propre témoignage et celui de différentes personnes, mais encore avec d'autres pièces de conviction, *le Moniteur* en date des 28 et

29 mai de la présente année, ou un ministre du roi a confessé, par une déclaration authentique, l'existence des congrégations religieuses, et énon-cé par oui-dire l'existence des congré-gations politiques.

2°. En ce qui concerne les jésuites, je dénonce à la Cour royale et à M. le procureur général, l'existence fla-grante d'un établissement *jésuitique*, appelé de Montrouge, situé dans la banlieue de Paris, en infraction des lois anciennes et nouvelles du royau-me qui ont proscrit les ordres monas-tiques et particulièrement l'ordre de la société de Jésus. Que cet établisse-ment soit positivement jésuitique, c'est sur quoi il serait superflu d'insister ; les religieux de cette maison n'en dissimulent ni le caractère ni la dénomination : ce qui se rapporte au surplus à une lettre de Rome du général de cet ordre, en date du 17 mai 1822, dans laquelle ce général parle *de l'État de sa compagnie en France et des établissemens qui y sont déja*, lettre dont il m'a été donné une particulière connaissance et dont personne n'a contesté l'authenticité ; ce qui enfin ne peut plus offrir de doute depuis l'aveu fait solennellement par un ministre du roi de l'existence de plusieurs de ces établissemens, formés par des évêques, et protéges ou tolérés par le gouvernement.

Concurremment avec ces établismens, je crois devoir dénoncer comme complices, fauteurs des jésuites, et ainsi attentatoires à l'obéissance due au Roi et aux lois établies, les mandemens de plusieurs évêques, savoir : 1°. un mandement de M. l'archevêque de Besançon, en date du 25 janvier 1826, ou, en faisant allusion à la société des jésuites, il représente leur destruction comme ayant été l'ouvrage de l'impiété et de la philosophie ; 2°. un mandement de M. l'évêque de Meaux, en date du mois de février présente année, où une grande louange est donnée également à l'institution des jésuites ; 3°. un autre mandement de M. l'évêque de Strasbourg, en date du même mois et de la même année, avec les mêmes éloges et dans le même esprit; 4° un mandement de M. l'evêque du Belley, rédige dans des termes encore plus précis et plus hostiles.

La Cour distinguera sûrement ce qui appartient a la liberté de la presse dans de simples individus sans caractère officiel et sans autorité ; et ce qui concerne des prelats qui, parlant aux fidèles avec l'autorité de leur ministère, élèvent par cela même drapeau contre drapeau, autorité contre autorité.

3°. En ce qui concerne l'ultramontanisme, je dénonce aux mêmes autorités et dans les mêmes qualités que dessus, non plus comme il y a quelque temps, une doctrine ultramontaine, frénétique, audacieuse, telle qu'elle a été consignée anciennement dans les écrits de M. le comte de Maistre et de M. l'abbé de Lamennais ; doctrine d'abord avouée ouvertement, favorisée et protégée, puis, à cause du scandale, vernissée de diverses manières et modifiée ; je dénonce expressément cette dernière espèce d'ultramontanisme, plus vénéneuse encore que la précédente, attendu qu'elle a su, en se conservant dans son intégrité, s'envelopper avec habileté, auprès du public, de dissimulation ; auprès du souverain, des formes de la fidélité et de l'adulat

Sous ce rapport je dénonce comme captieuse et attentatoire aux droits de la couronne et aux lois de l'État, une adresse au Roi, signée par plusieurs évêques de France, contenant une prétendue profession de l'indépendance de l'autorité royale a l'égard de toute autorité ecclésiastique; en ce que, dans ladite adresse il n'est nullement fait mention de la declaration du clergé, de 1682 : laquelle, a raison de cette omission faite dans un acte aussi solennel et aussi authentique, a l'air d'être négligée et délaissee; d'où l'on peut croire qu'un acte lié à nos lois fondamentales, consacré par nos ancétres et par la sagesse du grand Roi, est désormais jeté dans l'oubli, et en quelque sorte dans le néant.

J'ai appelé la nouvelle déclaration des évêques inventée pour anéantir la précédente, un acte *captieux et attentatoire aux lois de l'État*, en ce que cet acte semble avoir moins pour objet d'assurer l'indépendance royale qui y est énoncée nominativement, que de consacrer en opposition à ladite autorité le dogme de l'infaillibilité du pape, qu'on tient ainsi en réserve, pour le produire quand il le faudra, et d'une manière décisive, au premier conflit qui s'élèvera, ou qu'on élèvera dans des matières qu'on affecte d'appeler MATIÈRES MIXTES.

De plus, je dénonce l'omission qui

a lieu généralement dans les écoles et dans les séminaires de l'enseigne-ment des quatre articles de la décla-ration de 1682, en contravention aux anciennes lois et aux ordonnances de nos rois.

Enfin, en ce qui concerne l'esprit d'envahissement des prêtres, tout ainsi que la société doit sa protection aux ministres du culte dans l'exer-cice de ce culte, contre des citoyens perturbateurs ou dissidens, elle doit sa protection aux citoyens dans l'ob-servance du culte, contre la déraison ou exaltation de certains prêtres. J'ai sous ma main une liasse de cinq cents faits plus singuliers et plus ridicules les uns que les autres, qui sont autant d'attentats de la part des prêtres d'un ordre inférieur, contre la tranquillité des citoyens : attentats qui se renouvellent sans cesse , et qui, à moins que la sagesse des magistrats n'y mette ordre, continueront à se perpétuer et à se multiplier jusqu'à ce qu'ils produisent enfin une explosion. Ici ce sont des refus de communion; là ce sont des violences exercées dans les églises contre des citoyens , contre des vieillards, contre des femmes. Ailleurs ce sont des insultes ou des violences hors des églises même, notamment dans les processions.

Ici ce sont, en dessein d'humiliation, des chicanes élevées à l'occasion

de baptême ou de la présentation
d'un parrain ou d'une marraine. Là
d'autres chicanes en dessein de ven
geance à l'occasion de l'administra
tion de sacremens et la cérémonie de
sépultures : ailleurs, un mourant à
l'agonie n'a pas assez de se débattre
contre la douleur et contre la mort
il faut qu'il envoie plaider contre son
curé chez son évêque, et l'évêque ne
peut ou a peine à obtenir l'obéissance
du curé. C'est ce qui vient d'arriver
à Reims.

Au moment présent, je n'ai point
à dénoncer l'inconduite scandaleuse
de MM. les curés de Saint Roch et de
Saint-Laurent, à l'occasion de diver
refus de sépulture : ces faits peuvent

passer pour surannes ; mais j'ai à dénoncer la doctrine par laquelle ils ont
appuyé leurs refus, et l'assentiment
que, dans une circonstance impor-
tante, un ministre du Roi a paru lui
donner.

Il est d'autant plus urgent de pour-
voir à ces scandales, que dans plusieurs occasions, et notamment dans
des mandemens, les autorités ecclésiastiques ont paru, ou dédaigner, ou
même censurer les arrêts de la Cour
royale.

Ladite dénonciation ainsi faite à
M. le premier président, à MM. les
présidens et conseillers membres de
la chambre d'accusation, et en gene-
ral à tous MM. les conseillers de la

cour, je l'ai signée comme suit, a toutes les pages :